Impressum
Verlag: BABADADA GmbH, Nedderfeld 112 , 22529 Hamburg
Geschäftsführer / Verlagsleitung: Harald Hof
Druck: Books on Demand GmbH, In de Tarpen 42, 22848 Norderstedt

Imprint
Publisher: BABADADA GmbH, Nedderfeld 112 , 22529 Hamburg, Germany
Managing Director / Publishing direction: Harald Hof
Print: Books on Demand GmbH, In de Tarpen 42, 22848 Norderstedt, Germany

ښوونځی

iskola

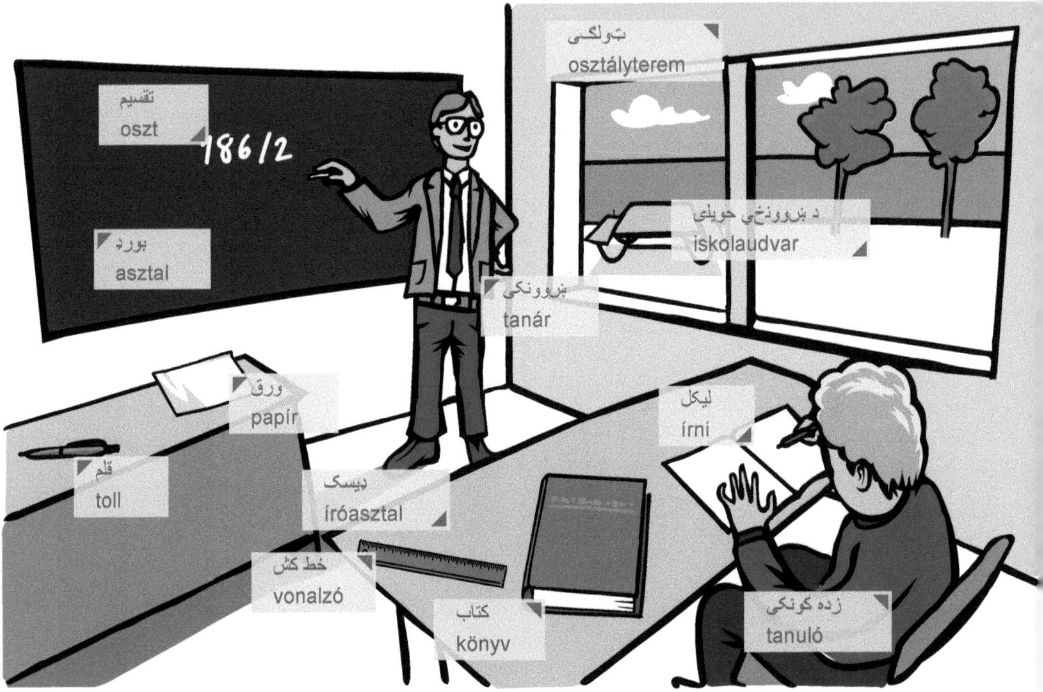

ټولګی
osztályterem
تقسيم
oszt
186/2
بورډ
asztal
د ښوونځي حویلی
iskolaudvar
ښوونکی
tanár
ورق
papír
لیکل
írni
قلم
toll
ډیسک
íróasztal
خط کش
vonalzó
کتاب
könyv
زده کونکی
tanuló

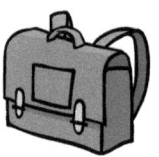

کڅوړه

iskolatáska

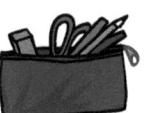

د پنسل بکسه

tolltartó

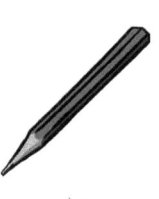

پنسل

ceruza

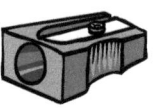

پنسل تراش

ceruzahegyező

ربړ

radír

د رسامۍ پاڼه

rajzfüzet

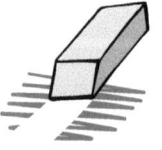

رسامي

rajz

د نقاشى برس

ecset

د نقاشى بكس

festőkészlet

قيچي

olló

سريښ

ragasztó

د تمرين كتاب

munkafüzet

كورنى دنده

házi feladat

12

 شمير

szám

2+2

جمع

összead

5-2

منفي

kivon

2×2

ضرب

szoroz

حساب

számol

A

توری

betű

ABCDEFG HIJKLMN OPQRSTU VWXYZ

الفبا

ABC

hello

كلمه

szó

متن

szöveg

لوستل

olvasni

تباشیر

kréta

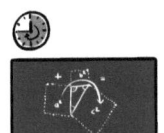

درس

tanóra

راجستر

napló

ازموینه

vizsga

تصدیق پاڼه

bizonyítvány

د ښوونځي یونیفارم

iskolai egyenruha

تعلیم

oktatás

دایره المعارف

enciklopédia

پوهنتون

egyetem

مایکروسکوپ

mikroszkóp

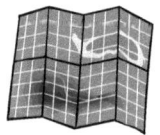

نقشه

térkép

اشغالدانی

papír-hulladék gyűjtő

سفر

utazás

هوټل
hotel
Grand
لیلیه
szállás
ROOMS
EXCHANGE
د اسعارو د تبادلې دفتر
valutaváltó iroda
بکس
bőrönd
موټر
autó

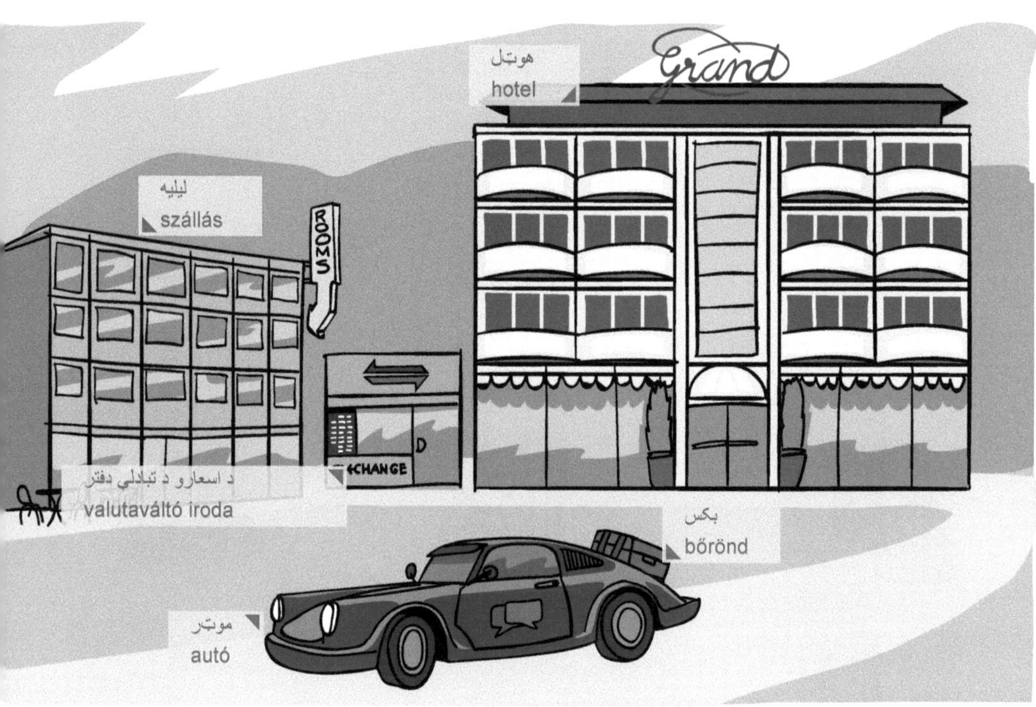

ژبه
....
nyelv

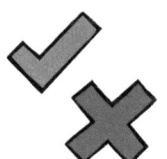

هو/نه
....
igen/nem

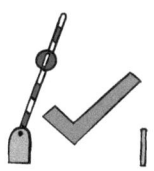

سمه ده
....
rendben

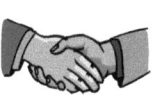

سلام
....
szia

ژباړونکی
....
fordító

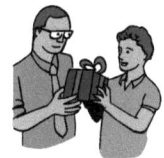

مننه
....
köszönöm

څومره دي...؟

mennyibe kerül...?

زه نه پوهيږم

nem értem

ستونزه

probléma

ماښام مو پخير!

Jó estét!

سهار په خير!

jó reggelt!

شپه په خير!

jó éjszakát!

په مخه مو ښه

viszontlátásra

لارښود

útirány

سامان

poggyász

بيگ

táska

شاتنی بکس

hátizsák

ميلمه

vendég

خونه

szoba

د خوب کڅوړه

hálózsák

خيمه

sátor

د توریزم معلومات
....
turista információ

ساحل
....
strand

کریدیت کارت
....
hitelkártya

ناری
....
reggeli

د غرمي خواره
....
ebéd

د شپي خواره
....
vacsora

تیکټ
....
jegy

لفټ
....
lift

مهر
....
bélyeg

پوله
....
határ

کمرک
....
vám

سفارت
....
nagykövetség

ویزه
....
vízum

پاسپورټ
....
útlevél

ټرانسپورټ
közlekedés

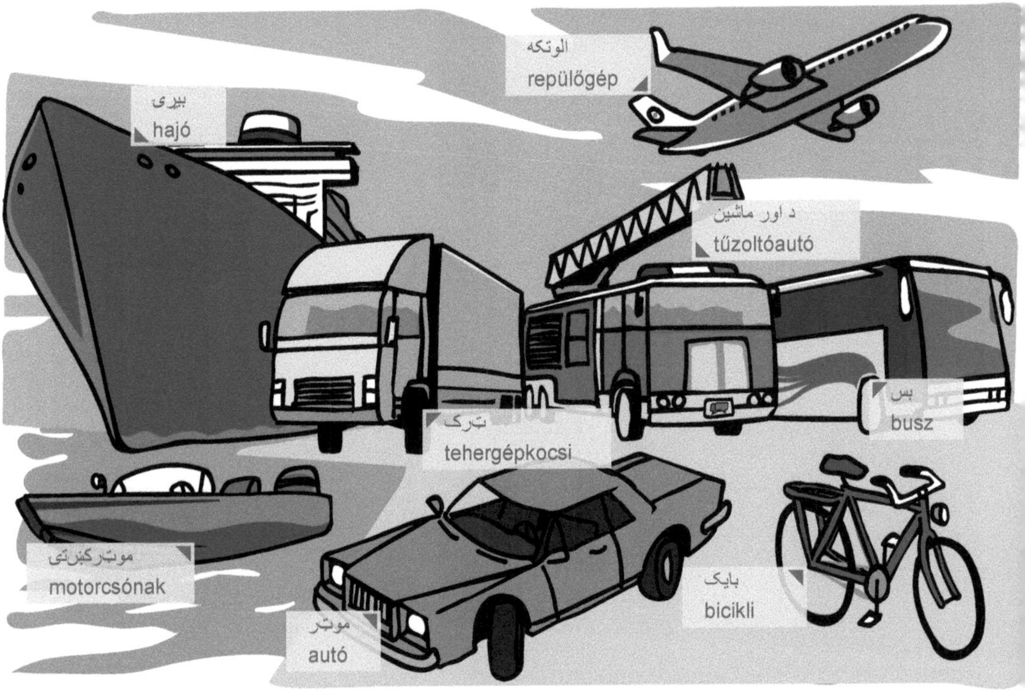

الوتکه
repülőgép
بېړۍ
hajó
د اور ماشين
tűzoltóautó
بس
busz
ټرک
tehergépkocsi
موټرکښتۍ
motorcsónak
بايک
bicikli
موټر
autó

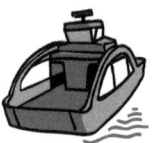

کښتۍ
komp

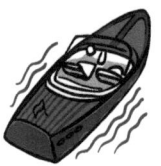

کښتۍ
csónak

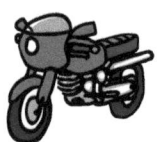

موټرسايکل
motorkerékpár

د پوليسو موټر
rendőrautó

د ريس موټر
versenyautó

کرايي موټر
bérautó

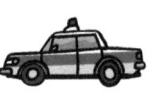

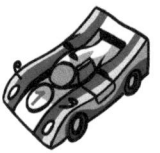

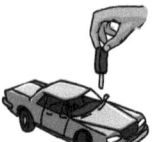

د کرایه موټری

telekocsi

جرثقیل لرونکی ټرک

vontató

ریفیوز ټرک

szemetes autó

موټر

motor

سونګ توکي

üzemanyag

پټرول سټیشن

benzinkút

ترافیکي نښه

közlekedési tábla

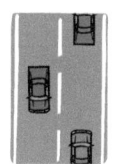

ترافیک

forgalom

جام ترافیک

forgalmi dugó

د موټرو ټمخای

parkoló

د ریل سټیشن

vonatállomás

پاټکي

sínek

ریل

vonat

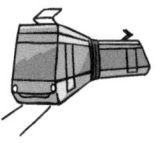

ټرام

villamos

واګون

vagon

چورلکه

helikopter

هوايي ډگر

repülőtér

برج

torony

مسافر

utas

کانټينر

konténer

کارتون

kartondoboz

کارټ

taliga

ټوکرۍ

kosár

الوتنه کول/کښېناستل

felszáll / leszáll

بښار

város

کلی

falu

د بښار مرکز

városközpont

کور

ház

سينما
mozi

اعلان
hirdetés

د کوڅې لامپ
utcai lámpa

کوڅه
utca

ټيکسي
taxi

د خوارو پلورنځی
újságosbódé

پیاده
gyalogos

پلي لاره
járda

د تیریدو لاره
kereszteződés

د سړک څخه تیریدو لاره
gyalogos átkelő

اشغالدانی (لوی)
szemetes

د ترافیک څراغونه
közlekedési lámpa

CINEMA

کوډله
kunyhó

اپارتمان
lakás

د ریل سټیشن
vonatállomás

ښاروال هال
városháza

میوزیم
múzeum

ښوونځی
iskola

پوهنتون

egyetem

بانک

bank

روغتون

kórház

هوټل

hotel

درملتون

gyógyszertár

دفتر

iroda

کتاب پلورنځی

könyvesbolt

پلورنځی

üzlet

د ګلانو پلورنځی

virágüzlet

لوی پلورنځی

szupermarket

مارکیټ

piac

د ډیپارټمنټ سټور

áruház

کب پلورنځی

halárus

د پلور مرکز

bevásárló központ

لنګرتون

kikötő

پارک

park

بينچ

pad

پل

híd

زينه

lépcső

د ځمکي لاندي

metró

تونل

alagút

بس تمځای

buszmegálló

بار

bár

ريستّورانټ

étterem

پوست بکس

postaláda

د کوڅي ننہ

utcatábla

د پارک کولو ميتر

parkoló óra

ژوبڼ

állatkert

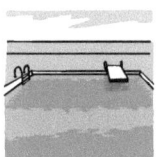

د لامبو حوض

uszoda

مسجد

mecset

کروند

gazdálkodás

ناپاکي

környezetszennyezés

هديره

temető

چرچ

templom

د لوبو ډکر

játszótér

معبد/کلیسا

szentély

منظره

táj

لاره

د لارښوونی نښه
útjelző tábla

پاڼه
levél

لاره
út

چمن
rét

کاڼی
kő

وڼه
fa

هیکر
túrázó

سیند
folyó

واښه
fű

ګل
virág

منظره - táj

دره

völgy

غونډی

domb

ناور

tó

ځنګل

erdö

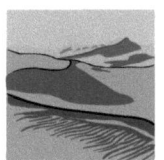

دشته

sivatag

اورشیندی

vulkán

کلا

kastély

رنګین کمان

szivárvány

مرخیړي

gomba

پلم ونه

pálmafa

ماشي

szúnyog

الوتل

légy

میږی

hangya

مچۍ

méhecske

غونډ/ژوىلا

pók

کـونگـت
....
bogár

چونگـشـه
....
béka

نولى
....
mókus

زیرکى
....
sündisznó

سوى
....
nyúl

گونگ
....
bagoly

مرغى
....
madár

قازه
....
hattyú

نرخوگ
....
vaddisznó

هوسى
....
szarvas

گاوزه
....
rénszarvas

بند
....
gát

بادي توربين
....
szélturbina

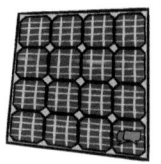

سولر تختى
....
napelem

اقليم
....
éghajlat

پیشخدمت
▶ pincér

مینو
menü

چوکۍ
▶ szék

سوپ
leves

پیزا
pizza

ورښاخۍ، چاقو، کاشوغه
evőeszköz

د میز نتوتنه
▶ terító

ستارتر
elöétel

اصلي خواره
főétel

خوږني
desszert

څښاک
italok

خواره
étel

بوتل
üveg

فاسټ فوډ

gyorsétel

د کوڅي خواره

gyorsétel

چای جوش

teás kanna

قندانۍ

cukortartó

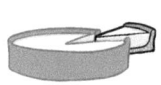

برخه

adag

اسپرسو مشين

eszpresszógép

لوړه چوکۍ

bárszék

رسيد

számla

مجمه

tálca

چاکو

kés

پنجه

villa

قاشق

kanál

چای قاشق

teáskanál

سورويټ

szalvéta

ګلاس

pohár

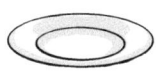

پلیټ

tányér

د سوپ پلیټ

leveses tányér

نالبیکی

csészealj

ساس

szósz

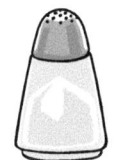

مالګه شیندونکی

sószóró

د مرچ ټکولو لوخی

borsőrlő

سرکه

ecet

غوري

étkezési olaj

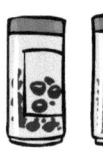

مساله

fűszerek

کچ اپ

ketchup

شرشم

mustár

چکه

majonéz

لوی پلورنځی
szupermarket

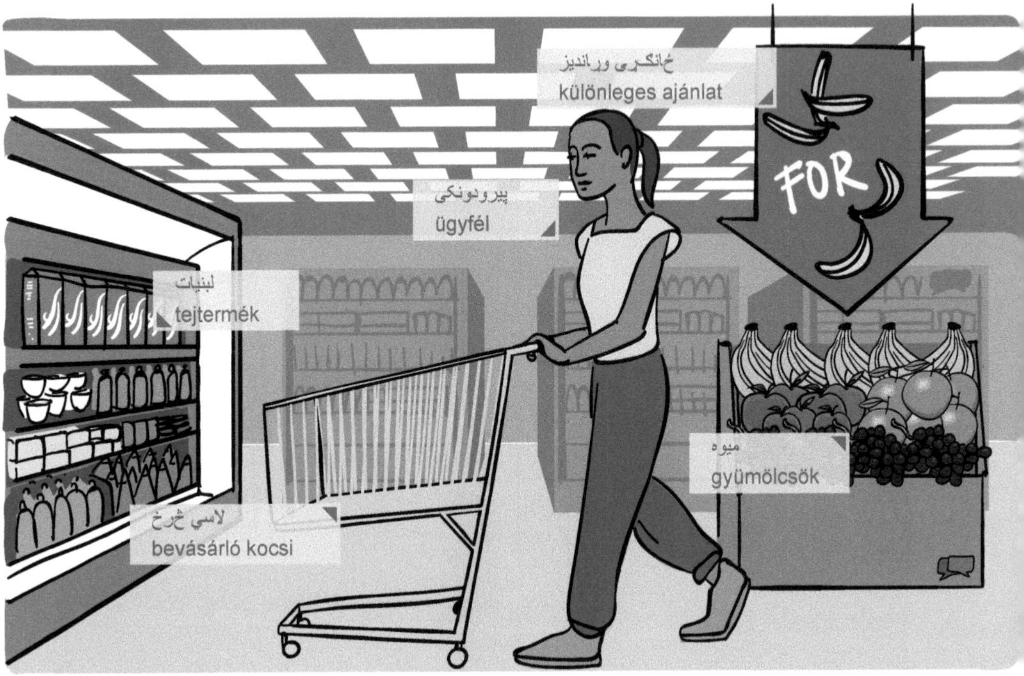
ځانګړی وړاندیز
különleges ajánlat
FOR
پیرودونکی
ügyfél
لبنیات
tejtermék
میوه
gyümölcsök
لاسي ګرځ
bevásárló kocsi

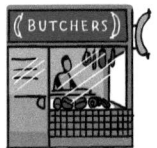

BUTCHERS

قصابي
....
hentes

BAKERY

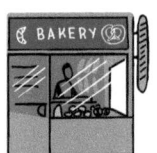

نانوایی
....
pékség

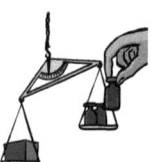

وزن کول
....
nyom valamennyit

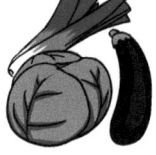

سبزیجات
....
zöldség

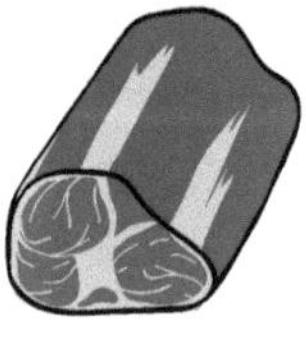

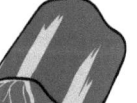

غوښه
....
hús

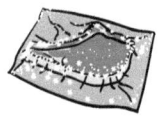

کنګل خواړه
....
fagyasztott áru

یخه غوښه

felvágott

کنسرواخواړه

konzerv

د مینځلو پودر

mosópor

ټیریني

édességek

کورني تولیدات

háztartási termék

د پاکولو محصولات

tisztítószerek

د پلور فرد

eladó

د نغدي راجستر

pénztárgép

صراف

eladó

د پېرود لیست

bevásárló lista

کاري ساعتونه

nyitva tartás

بټوه

levéltárca

کریډیټ کارت

hitelkártya

کڅوړه

zacskó

پلاستیک کڅوړه

műanyag zacskó

italok

اوبه

víz

جوس

gyümölcslé

شیده

tej

کوک

kóla

واین

bor

بیز

sör

الکول

alkohol

ککاو

kakaó

چای

tea

کافي

kávé

اسپرسو

eszpresszó

کیچینو

kapucsínó

كيله

banán

مڼه

alma

نارنج

narancs

هندوانه

sárgadinnye

ليمو

citrom

كازره

sárgarépa

هوږه

fokhagyma

بانكس

bambusz

پياز

hagyma

مرخيري

gomba

چغزى

magvak

آش

nokedli

سپیګتي

spagetti

وريجي

rizs

سلاد

saláta

چپس

sült krumpli

سره كري كچالو

sült burgonya

پیزا

pizza

همبرګر

hamburger

ساندويچ

szendvics

كتره

hússzelet

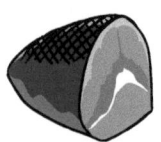

د پتون غوښه

sonka

سلمي

szalámi

ساسچ

kolbász

چرګ

csirke

روست

pecsenye

كب

hal

د وربشي شيرني

....

zabkása

موسلي

....

müzli

د جوار پلی

....

kukoricapehely

اوړه

....

liszt

کروسانت

....

croissant

د ډوډۍ رول

....

zsemle

ډوډۍ

....

kenyér

نټوست

....

pirítós kenyér

بسکیت

....

keksz

کوچ

....

vaj

چکه

....

túró

کیک

....

sütemény

هګۍ

....

tojás

پنسی هګۍ

....

tükörtojás

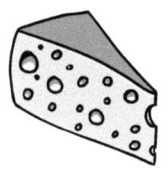

پنیر

....

sajt

آيس كريم

jégkrém

بوره

cukor

شهد

méz

مربا

lekvár

نوگات كريم

mogyorókrém

كوركمان

curry

کرونده

gazdálkodás

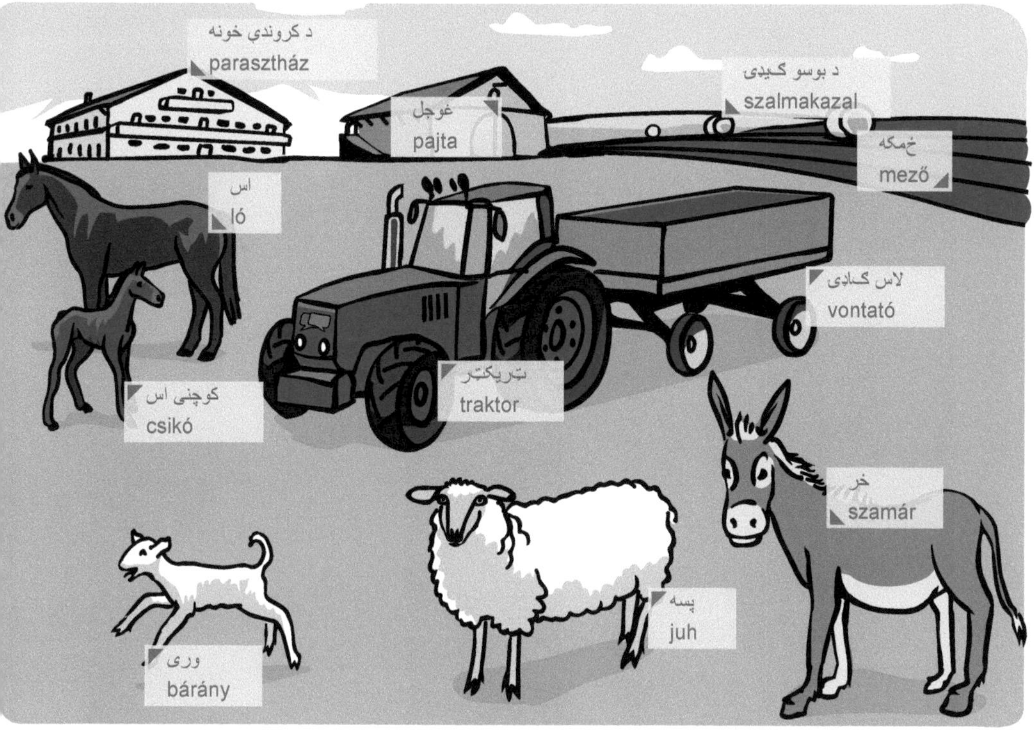

د کروندي خونه
parasztház
غوجل
pajta
د بوسو ګیډی
szalmakazal
ځمکه
mező
اس
ló
لاس ګاډی
vontató
ټریکټر
traktor
کوچنی اس
csikó
خر
szamár
پسه
juh
وری
bárány

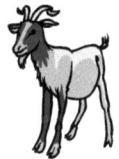

وزه

kecske

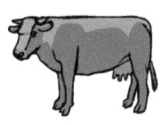

غوا

tehén

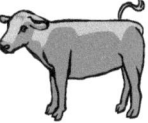

خوسکی

borjú

خوګ

malac

د خوګ بچی

kismalac

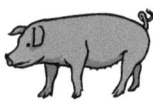

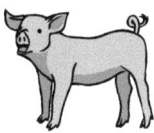

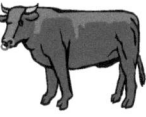

غویی

bika

بتـه

liba

هيلۍ

kacsa

چرګوړی

csibe

چرګه

tojó

بانګـي

kakas

ساری موږک

patkány

پيشک

macska

موږک

egér

غویی

ökör

سپی

kutya

د سپي خونه

kutyaház

د باغ هوز

kerti öntözőcső

د اوبو لوخی

öntözőkanna

لور (داس)

kasza

یوی

eke

لور

sarló

رمبى

kapa

شاخى

vasvilla

تبر

fejsze

كراچى

talicska

ناوه

teknő

د شيدو لوخى

tejes kancsó

جوال

zsák

كتاره

kerítés

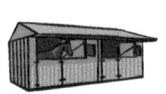

مضبوط

istálló

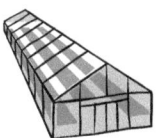

شنه خونه

üvegház

خاوره

talaj

تخم

vetőmag

سره/كود

trágya

كد ريبونكى ماشين

cséplőgép

زيرمه كول
....
szüretelni

درمند
....
betakarítás

خوارِه كچالو
....
yamgyökér

غنم
....
búza

سويا
....
szója

كچالو
....
burgonya

جوار
....
kukorica

نباتي تخم
....
repcemag

د ميوي ونه
....
gyümölcsfa

مانيوک
....
manióka

غله
....
gabona

کور
ház

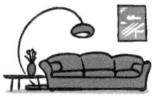

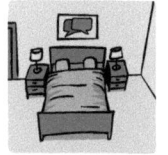

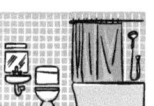

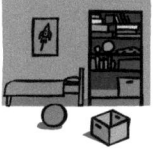

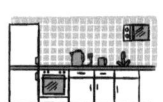

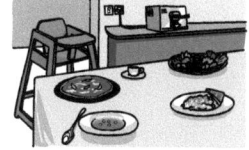

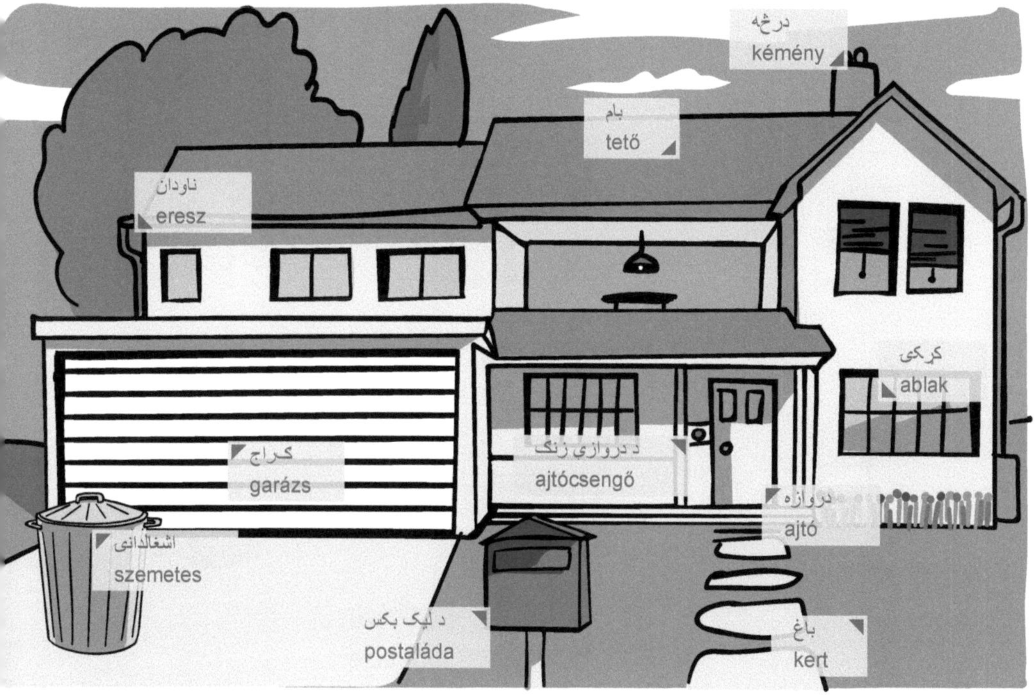

درځه
kémény
بام
tető
ناودان
eresz
کړکۍ
ablak
ګراج
garázs
د دروازې زنګ
ajtócsengő
دروازه
ajtó
اشغالدانی
szemetes
د لیک بکس
postaláda
باغ
kert

د اوسیدو خونه
....
nappali

حمام
....
fürdőszoba

پخلنځی
....
konyha

د ویده کیدو خونه
....
hálószoba

د ماشوم خونه
....
gyerekszoba

د خوارو خونه
....
ebédlő

فرش
....
padló

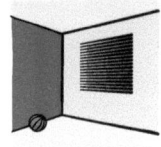

ديوال
....
fal

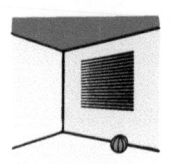

چت
....
plafon

زيرخانه
....
pince

سونا
....
szauna

بالكوني
....
erkély

بترس
....
terasz

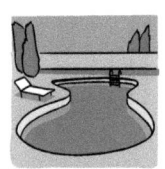

حوض
....
medence

د چمن وهلو ماشين
....
fűnyíró

شيت
....
lepedő

روجايى
....
ágytakaró

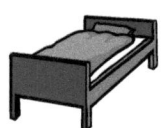

تخت
....
ágy

جارو
....
seprű

بوكه
....
vödör

سويچ
....
kapcsoló

د اوسيدو خونه

nappali

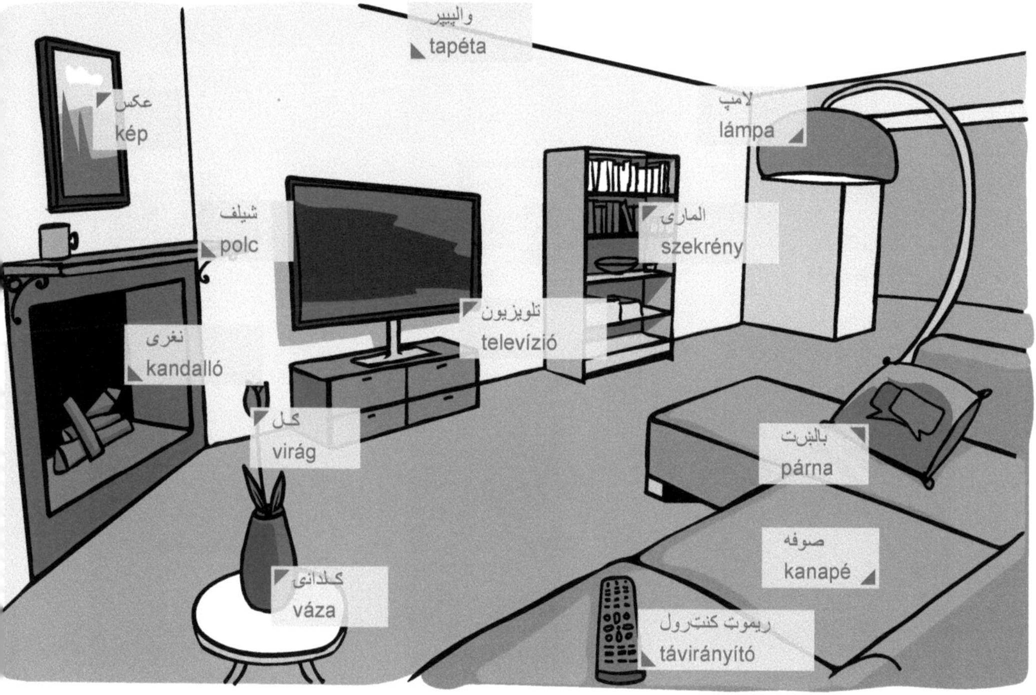

والپيپر
tapéta
عکس
kép
لامپ
lámpa
شيلف
polc
الماری
szekrény
تلويزيون
televízió
نغری
kandalló
ګل
virág
بالښت
párna
صوفه
kanapé
ګلدانی
váza
ريموټ کنټرول
távirányító

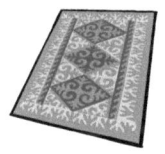

غالی

szőnyeg

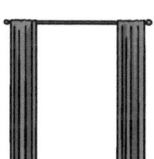

پرده

függöny

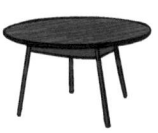

ميز

asztal

چوکۍ

szék

تاويدونکي چوکۍ

hintaszék

بازو لرونکی چوکۍ

karosszék

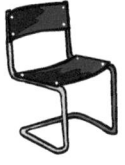

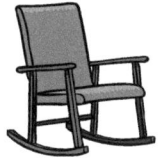

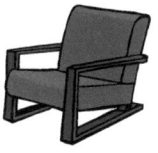

كتاب

könyv

كمبل

takaró

ديكوريشن

dekoráció

د اور لرګي

tűzifa

فلم

film

هايـفـاى

hifi

كلي

kulcs

ورځپاڼه

újság

نقاشي

festmény

پوستر

poszter

راډيو

rádió

كتابچه

jegyzetfüzet

واكيوم جارو

porszívó

كاكتوس

kaktusz

شمع

gyertya

پخلنځی
konyha

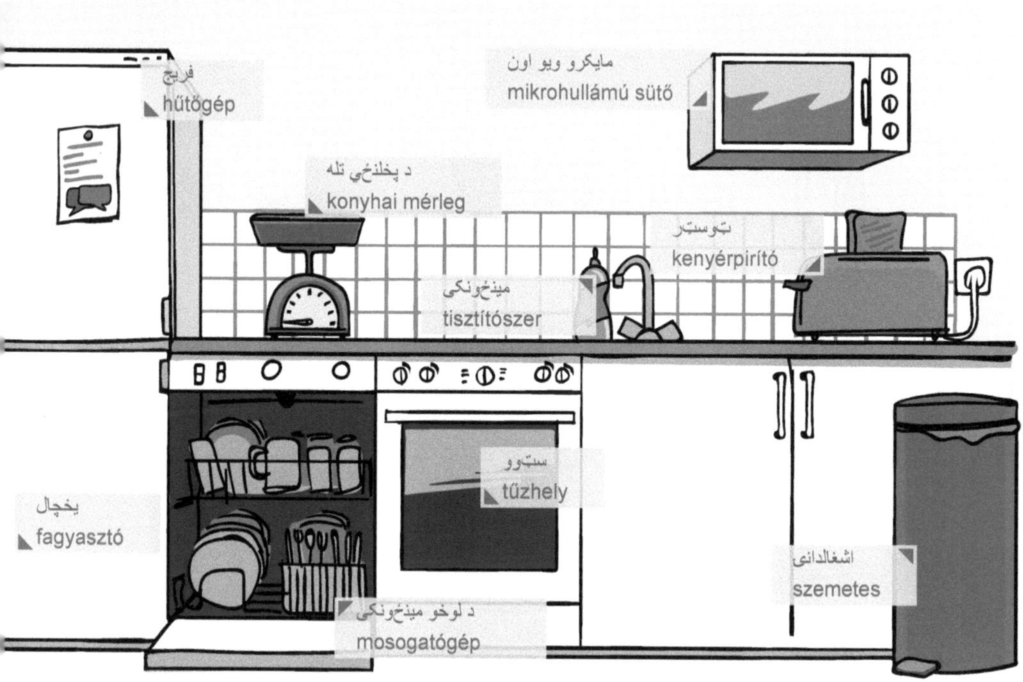
فریج
hűtőgép
مایکرو ویو اون
mikrohullámú sütő
د پخلنځي تله
konyhai mérleg
ټوسټر
kenyérpirító
مینځونکی
tisztítószer
سټوو
tűzhely
یخچال
fagyasztó
اشغالدانی
szemetes
د لوخو مینځونکی
mosogatógép

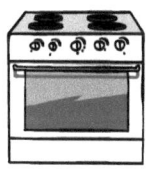

دیگ بخار

tűzhely

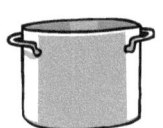

لوخی

edény

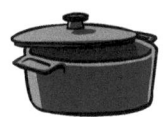

چدني لوخی

vasfazék

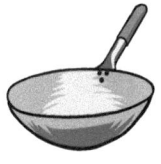

ووک

wok / kadai

د تلي په

serpenyő

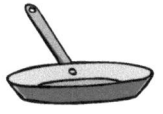

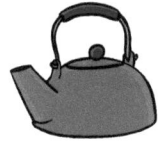

چای جوش

vízforraló

د بخار ديگ

پاروló

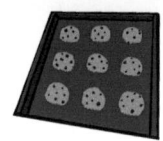

پتنوس

tepsi

لوخي

étkészlet

مگ

bögre

كاسه

tálka

د رانيولو اوزار

evőpálcika

 څمڅۍ

merőkanál

كفگير

keverőlapátka

پاكونكى

habverő

صافي

szűrő

غلبيل

szita

گريتر

reszelő

اونگ

mozsár

بار بي كيو

grillsütő

خلاص اور

kandalló

پخلنځى - konyha

تخته

vágódeszka

هوارونکی

sodrófa

کارک سکريو

dugóhúzó

تيم

doboz

د تيم خلاصونکی

konzervnyitó

د لوخي بوتّه

edényfogó

ظرف ښوی

mosogató

برس

kefe

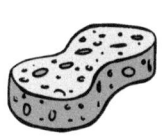

سپنج

szivacs

بليندر

turmixgép

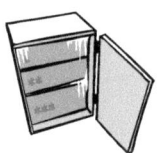

ژور يخچال

mélyhűtő

د ماشوم بوتل

cumisüveg

نل

csap

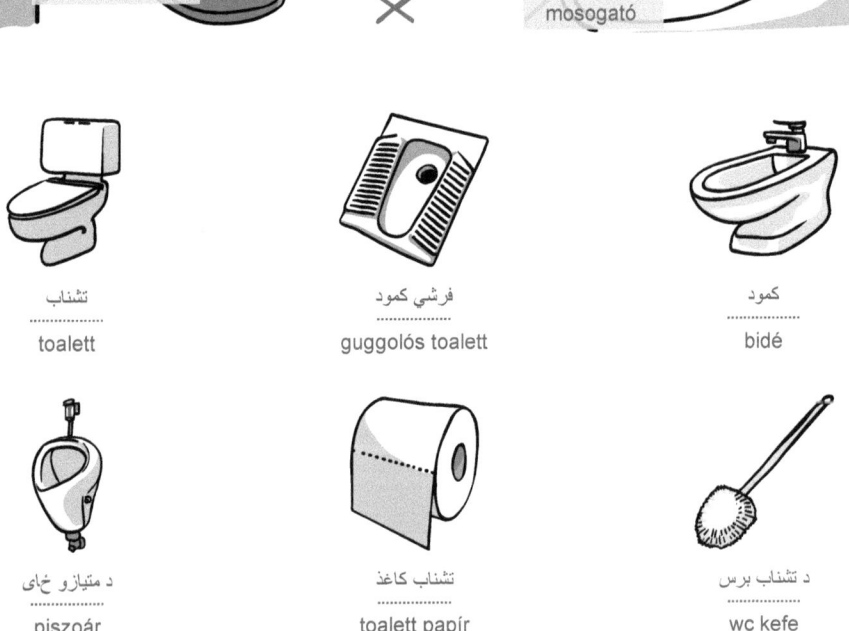

حمام

fürdőszoba

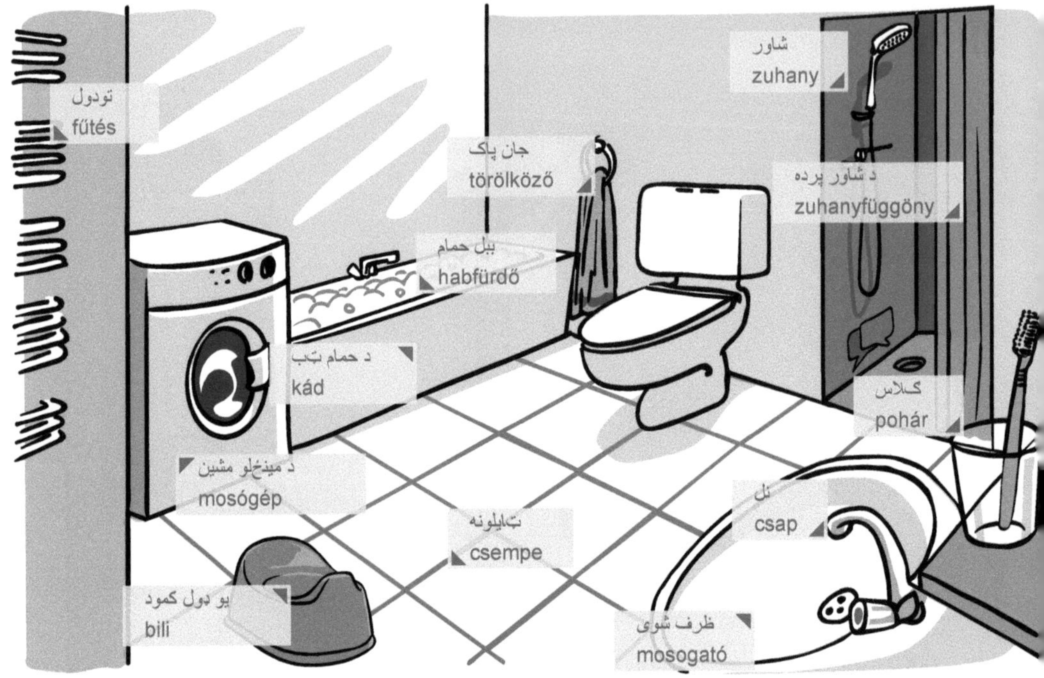

تودول
fűtés
جان پاک
törölköző
شاور
zuhany
د شاور پرده
zuhanyfüggöny
ببل حمام
habfürdő
د حمام ټب
kád
ګلاس
pohár
د مینځلو مشین
mosógép
نل
csap
ټایلونه
csempe
یو دول کمود
bili
ظرف شوی
mosogató

تشناب
toalett

فرشي کمود
guggolós toalett

کمود
bidé

د متیازو ځای
piszoár

تشناب کاغذ
toalett papír

د تشناب برس
wc kefe

د غاښونو برس

fogkefe

د غاښونو کریم

fogkrém

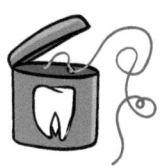

د غاښونو نخ

fogselyem

مینځل

mosni

لاسي شاور

kézi zuhany

دوش

intimzuhany

خانک

mosdótál

د شا برس

hátmosó kefe

صابون

szappan

د شاور ژل

tusfürdő

شامپو

sampon

فلانل جامه

mosdókesztyű

وچول

lefolyó

کریم

krém

سپری

dezodor

آینه

تükör

لاسي آینه

kézitükör

ریزر

borotva

د خریلو فوم

borotvahab

د خریلو وروسته

borotválkozás utáni
arcszesz

ګمنخ

fésű

برس

hajkefe

د ویښتانو وچونکی

hajszárító

د ویښتانو سپری

hajlakk

میک اپ

smink

لیپ ستیک

ajakrúzs

د نوکانو پالش

körömlakk

کاتن وری

vatta

ناخن ګیر

körömvágó olló

عطر

parfüm

د مینخلو کڅوړه
neszesszer

سټول
sámli

د وزن کولو تله
mérleg

د حمام پوښاک
köntös

د ربړ دستکش
gumikesztyű

ټامپون
tampon

صحیی جان پاک
egészségügyi betét

کیمیکل ټشناب
vegyi WC

د الارم ساعت
ébresztő óra

د لوبو وسایل
plüssállat

د ناڅوکی موټر
játékautó

د ناڅوکو خونه
babaház

د.الی
ajándék

ریټل
csörgő

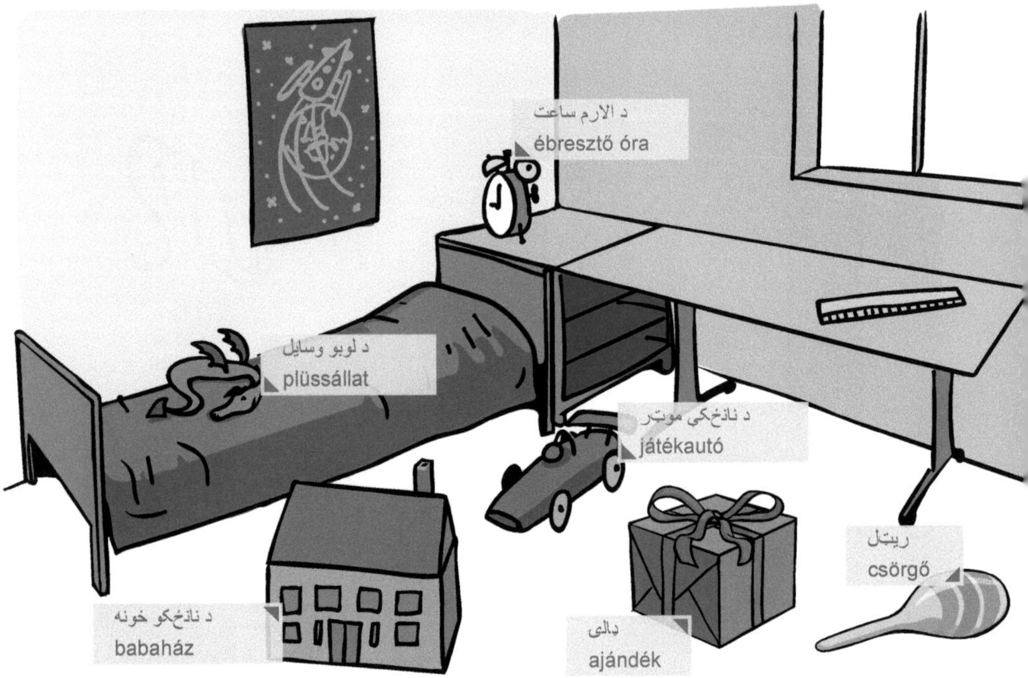

بالون
lufi

تخت
ágy

کالسکه
babakocsi

د لوبو ورقي
kártyapakli

جیکسا
kirakós játék

مسخره
képregény

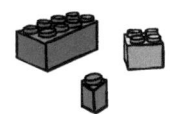

ليکو بريک

építőkockák

د نانځکو بلاک

építőelem

د اکشن فيګور

szuperhős

د ماشوم پوښاک

rugdalózó

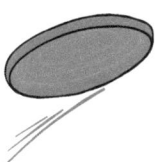

فريزبي

frizbi

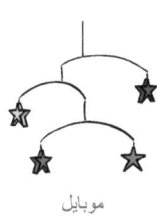

موبايل

zenélő forgó

بورډ لوبه

társasjáték

تاس

kocka

مادل ريل سيت

modellvasút

ګونګشی

cumi

پارتي

zsúr

د عکسونو البوم

képeskönyv

بال

labda

نانځکه

baba

لوبيدل

játszani

د ښکو کنده

homokozó

سوینګ

hinta

ناڅخکی

játékok

د ویدیو لوبو کنسول

videójáték konzol

تـرای سایکل

tricikli

ګوډيکه

teddi maci

د کالو الماری

ruhásszekrény

جرابي

zokni

لوړي جرابي

harisnya

تـایتـس

harisnyanadrág

زروکی
sál

کمربند
öv

چتری
esernyő

تي شرت
póló

بوتان
csizma

سليپر
papucs

سنيکر
tornacipő

سيندل
szandál

بوتان
cipő

د ریر بوتان
gumicsizma

زیرنیکري
alsónadrág

سينه بند
melltartó

واسکټ
mellény

بادي

body

پتلون

nadrág

جينز

farmer

لمن

szoknya

بلاوز

blúz

شرت

ing

بنيان

pulóver

سويتر

kapucnis pulóver

بليزر

blézer

جاكت

dzseki

كوت

kabát

د باران کوت

esőkabát

پوښاک

kosztüm

كالي

ruha

د واده پوښاک

esküvői ruha

دريشي

öltöny

د شپې پوښاک

hálóing

پاجامه

pizsama

ساري

szári

لوپټه

fejkendő

پټکی

turbán

برقه

burka

کفتن

kaftán

عبا

abaya

د لامبو پوښاک

fürdőruha

نیکر

fürdőnadrág

شارټ

rövidnadrág

د خُغاستي پوښاک

tréningruha

پیش بند

kötény

دستکش

kesztyű

بټن

gomb

عېنک

szemüveg

لاس بند

karkötő

غاړه کۍ

nyaklánc

ګوتمه

gyűrű

غوږوالۍ

fülbevaló

خولۍ

sapka

کوټ بند

vállfa

خولۍ

kalap

نټایی

nyakkendő

ځنځیر

cipzár

هیلمیټ

bukósisak

ترونکۍ

nadrágtartó

د ښوونځي یونیفارم

iskolai egyenruha

یونیفارم

egyenruha

ببب

elöke

کونگشی

cumi

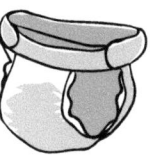

نيپي

pelenka

دفتر

iroda

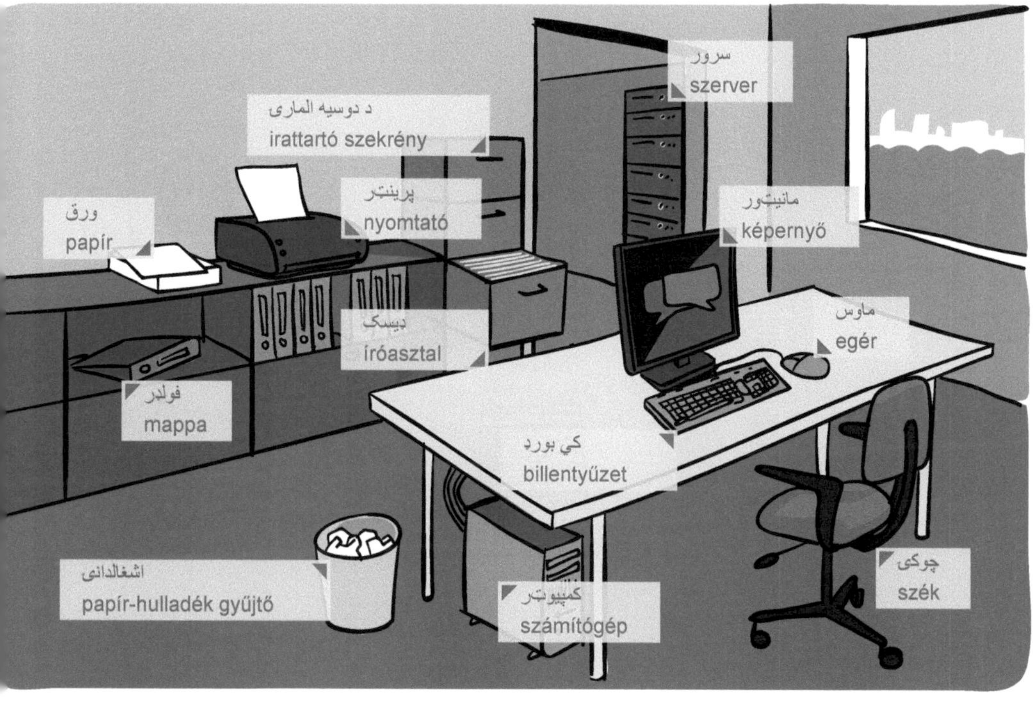

سرور
szerver

د دوسیه الماری
irattartó szekrény

مانیټور
képernyő

ورق
papír

پرینتر
nyomtató

ماوس
egér

دیسک
íróasztal

فولدر
mappa

کي بورد
billentyűzet

اشغالدانی
papír-hulladék gyűjtő

کمپیوټر
számítógép

چرکی
szék

د کافي پیاله

kávéscsésze

کالکولیټر

számológép

انټرنیټ

internet

لپ تاپ

laptop

لیک

levél

پیغام

üzenet

موبایل

mobiltelefon

نیتورک

hálózat

فوتوکاپیر

fénymásoló

سافتویر

szoftver

تلیفون

telefon

پلک ساکت

konnektor

فکس مشین

faxgép

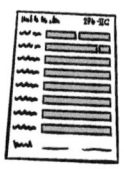

فارم

formanyomtatvány

سند

dokumentum

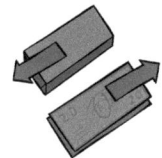

پيرل

venni

تاديه كول

fizetni

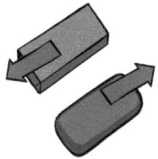

سوداگري كول

kereskedni

پيسي

pénz

ډالر

dollár

يورو

euró

ين

jen

ربل

rubel

سويسي فرانک

svájci frank

رينميني يوان

kínai jüan

روپی

rúpia

د نغدي پيسو خای

bankautomata

د اسعارو د تبادلي دفتر

valutaváltó iroda

سره زر

arany

سپین زر

ezüst

تیل

olaj

انرژي

energia

نرخ

ár

قرارداد

szerződés

مالیه

adó

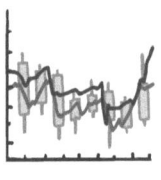

اسهام

részvény

کار کول

dolgozni

کارمند

munkavállaló

کار کوماورونکی

munkaadó

فابریکه

gyár

پلورنځی

üzlet

مسلکونه

foglalkozások

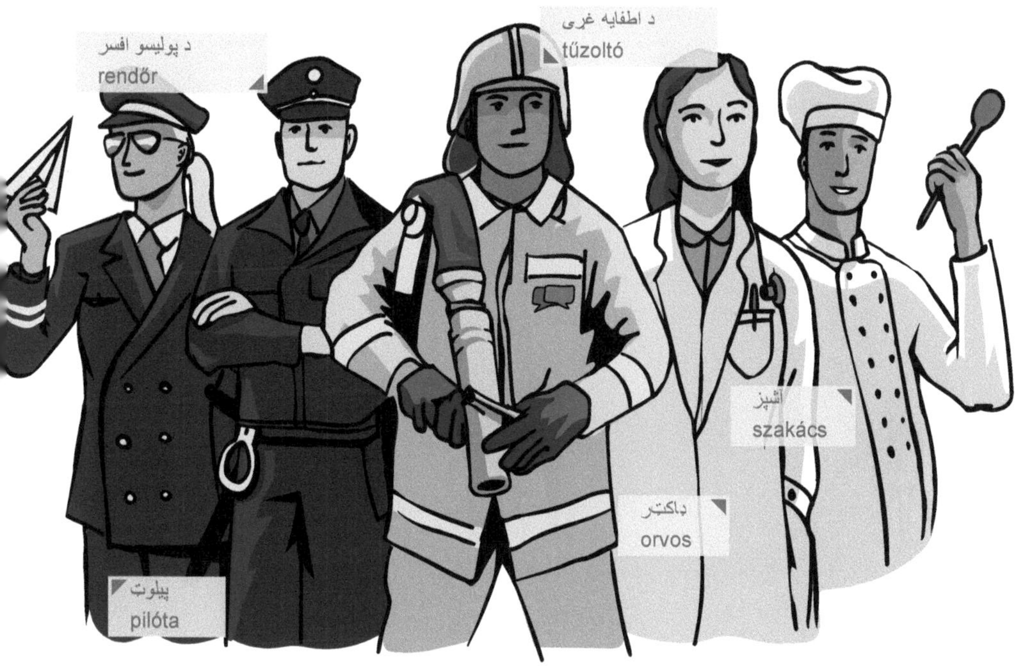
د پولیسو افسر
rendőr
د اطفایه غرى
tűzoltó
آشپز
szakács
ډاکټر
orvos
پیلوټ
pilóta

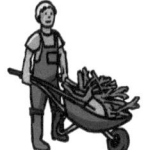

باغوان

kertész

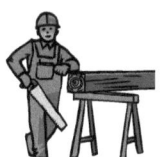

نجار

kárpitos

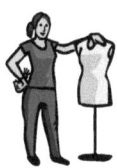

خیاط

varrónő

قاضي

bíró

کیمیا پوه

vegyész

د فلم لوبغاړی

színész

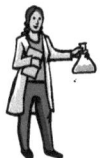

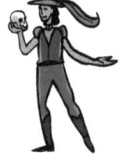

د بس ډرایور

buszsofőr

د ټیکسي ډرایور

taxisofőr

کب نیونکی

halász

خدمه

bejárónő

بام جوړونکی

tetőfedő

پیشخدمت

pincér

ښکاري

vadász

نقاش

festő

نانوا

pék

د برښنا کارکونکی

villanyszerelő

تعمیر جوړونکی

építőmunkás

انجنیر

mérnök

قصاب

hentes

نلدوان

vízvezeték-szerelő

پوست رسونکی

postás

سرتیری

katona

مهندس

építész

صراف

eladó

مالیار

virágos

نایی

fodrász

کلیندر

kalauz

میکانیک

műszerész

کپتان

kapitány

د غاښونو ډاکتر

fogorvos

ساینس پوه

tudós

بن‌اغلی

rabbi

امام

imám

مذهبي نفر

szerzetes

پادري

lelkész

لوازم
szerszámok

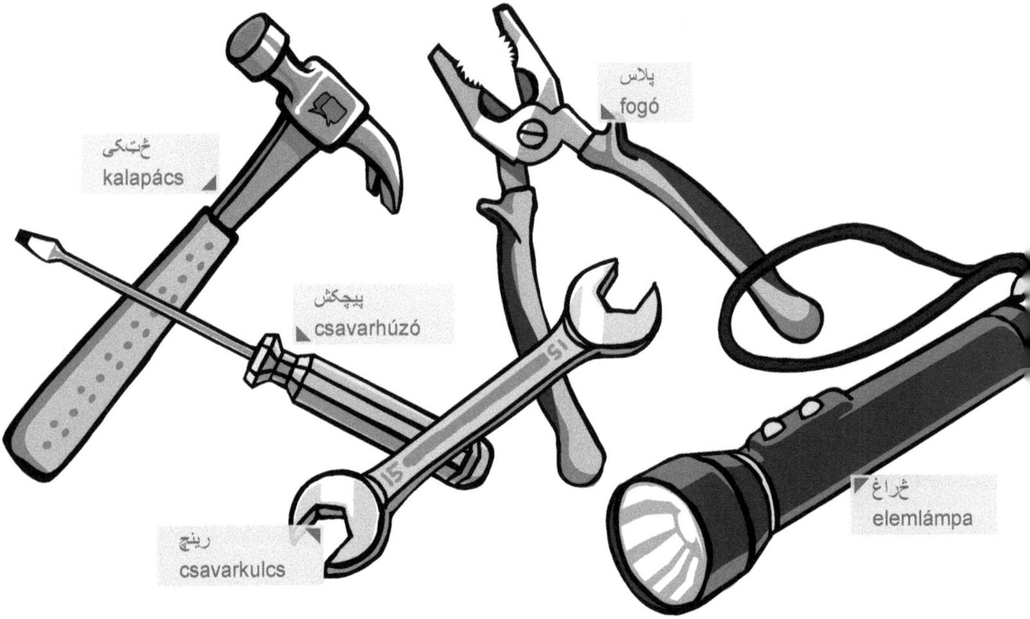

پلاس
fogó
څټکی
kalapács
پیچکش
csavarhúzó
څراغ
elemlámpa
رینچ
csavarkulcs

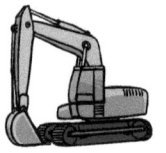

کنستونکی
markológép

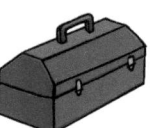

د لوازمو بکس
szerszámosláda

زینه
vödör

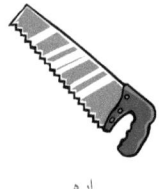

اره
fűrész

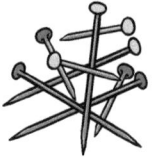

میخونه
szög

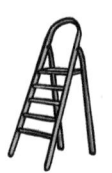

برمه
fúrógép

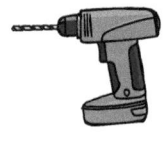

ترمیم کول

megjavítani

بیل

lapát

لعنت!

A francba!

خاک انداز

szemétlapát

مشوانۍ

festékesdoboz

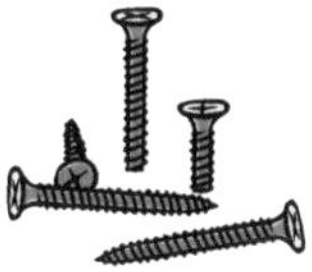

پیچونه

csavar

د میوزیک آلات

hangszerek

لاود سپیکر
hangszóró

درم سیټ
dobfelszerelés

کنټرباس
nagybőgő

کیتار
gitár

ترومپیټ
trombita

پيانو

zongora

وايلن

hegedű

نغاره

üstdob

درمونه

dobok

كي بورد

digitális zongora

باس

basszusgitár

سيكسافون

szaxofon

شپيلى

fuvola

مايکروفون

mikrofon

ژوبڼ

állatkert

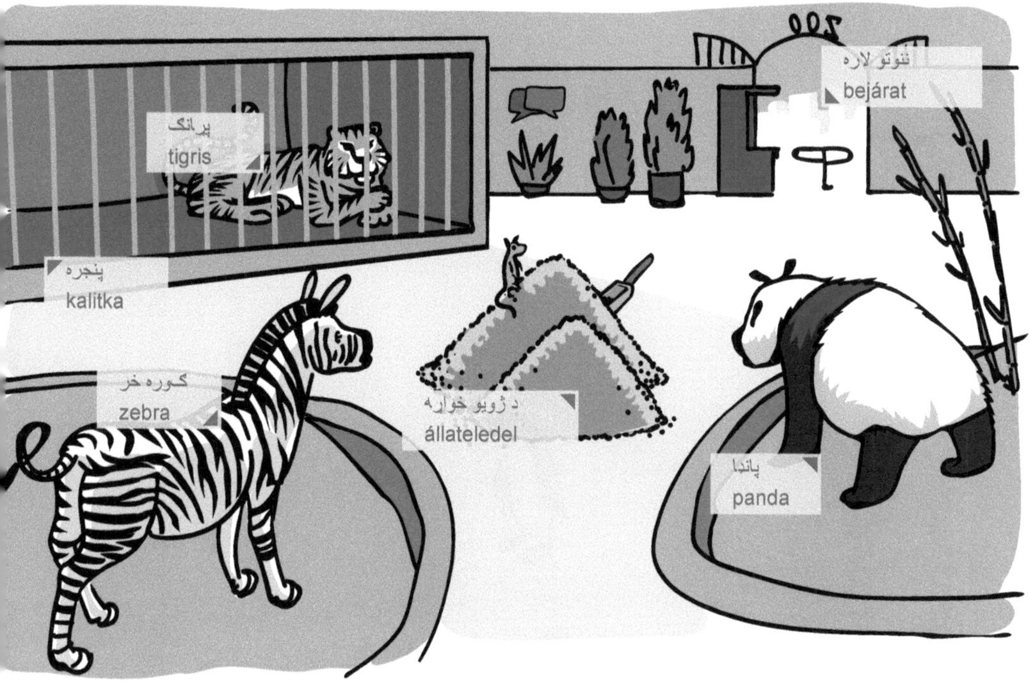
ننوتو لاره
bejárat
پړانګ
tigris
پنجره
kalitka
ګوره خر
zebra
د ژویو خواړه
állateledel
پاندا
panda

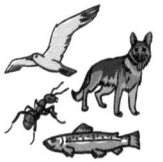

ژوی

állatok

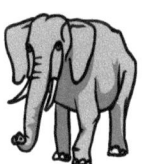

هاتي

elefánt

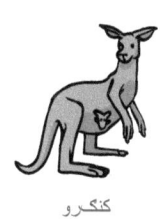

کنګرو

kenguru

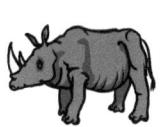

د اوبو اسپ

orrszarvú

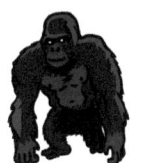

ګوریلا

gorilla

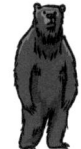

ایږه

medve

اوبښ

teve

ښترمرغ

strucc

زمرى

oroszlán

بيزو

majom

غزى

flamingó

طوطي

papagáj

قطبي ايره

jegesmedve

پينگوين

pingvin

شارك

cápa

طاوس

páva

مار

kígyó

تمساح

krokodil

ژوبن ساتونكى

állatgondozó

سيل

fóka

جگوار

jaguár

یابو

póniló

پرانگ

leopárd

هیپو

víziló

زرافه

zsiráf

باز

sas

نرخوک

vaddisznó

کب

hal

ٹمشٹی

teknős

سمندري نولی

rozmár

گیدړه

róka

هوسی

gazella

امریکایی فټبال
amerikai futball

سایکل چغلول
kerékpározás

ټینس
tenisz

باسکیتبال
kosárlabda

لامبو
úszás

باکسینگ
boksz

د کنګل هاکي
jégkorong

فټبال
....
futball

کسیزه
....
tollas

د ځغاستي لوبي
....
atlétika

د هندبال
....
kézilabda

سکي
....
síelés

پولو
....
lovaspóló

فعالیتونه
tevékenységek

خندل
nevetni
ټوپ وهل
ugrani
غاړه ورکول
ölelni
ګرځېدل
sétálni
سندرې ویل
énekelni
خوب لیدل
álmodni
عبادت کول
dicsérni
مچو کول
csókolni

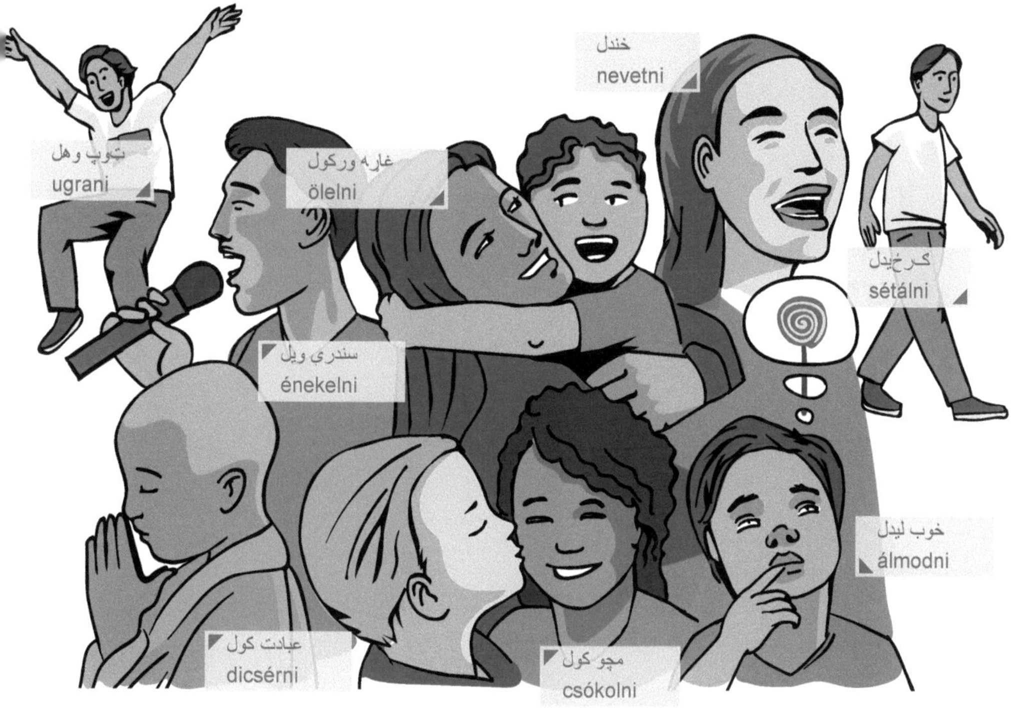

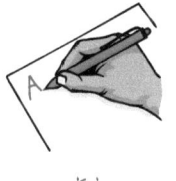

لیکل
....
írni

کښل
....
rajzolni

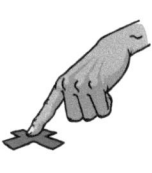

ښودل
....
mutatni

ټېله کول
....
tolni

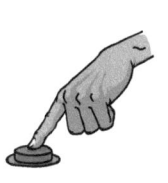

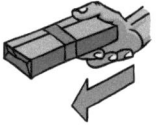

ورکول
....
adni

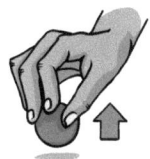

اخیستل
....
vinni

درلودل

birtokolni

کول

csinálni

پاييدل

lenni

ودريدل

állni

منډي وهل

futni

راکښل

húzni

ګوزارل

hajít

لويدل

esni

ځملاستل

hazudni

انتظار کول

várni

ورل

vinni

کښينستل

ülni

پوښاک اغوستل

felvenni

ویده کیدل

aludni

پاڅيدل

felébredni

كتل

ránézni

ژرل

sírni

بريد كول

simogat

گمذخ كول

fésülni

خبري كول

beszélni

پوهيدل

megérteni

غوښنل

kérdezni

اوريدل

hallgatni

څښل

inni

خورل

enni

پاكول

takarítani

مينه كول

szeretni

پخلى كول

főzni

موټر چلول

vezetni

الوتل

szállni

بېرى چلول
....
vitorlázni

حساب
....
számol

لوستل
....
olvasni

زده کول
....
tanulni

کار کول
....
dolgozni

واده کول
....
házasodni

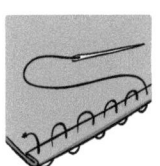

ګنډل
....
varrni

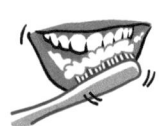

د غاښونو برس کول
....
fogat mosni

وژل
....
ölni

سگرټ څکښل
....
dohányozni

لیږل
....
küldeni

نيا
nagymama

نیکه
nagypapa

پلار
apa

مور
anya

ماشوم
kisbaba

لور
lány

زوی
fiú

میلمه
·············
vendég

ترور
·············
nagynéni

کاکا/ماما
·············
nagybácsi

ورور
·············
fiútestvér

خور
·············
lánytestvér

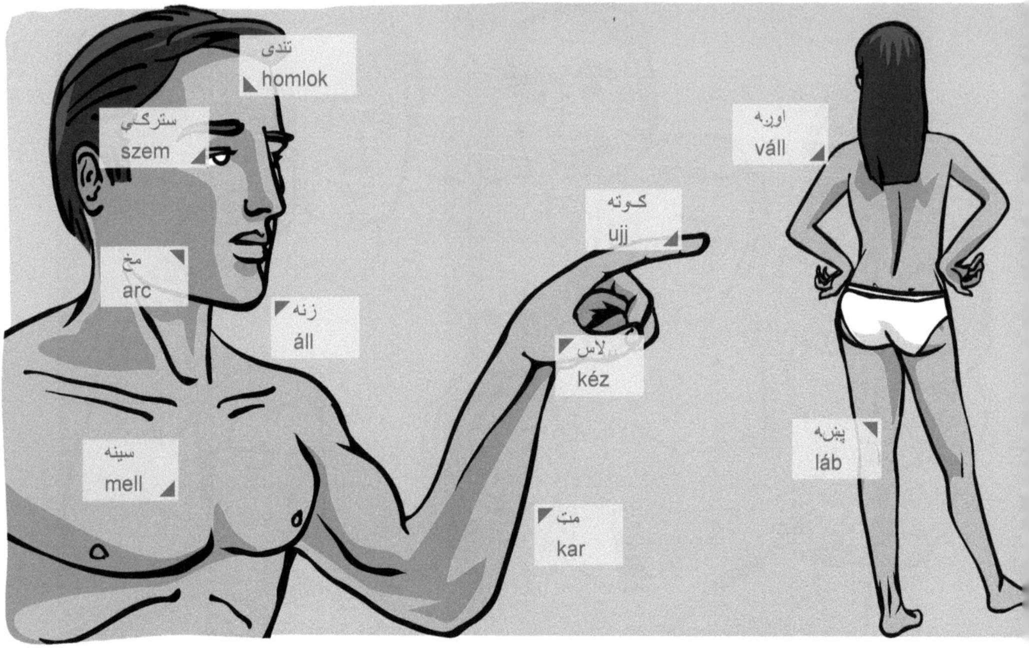

تندی
homlok

سترګي
szem

اوږه
váll

مخ
arc

كوته
ujj

زنه
áll

لاس
kéz

سينه
mell

پښه
láb

متٚ
kar

ماشوم
kisbaba

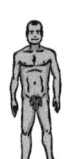

سړی
ember

ښځه
nő

انجلۍ
lány

هلک
fiú

سر
fej

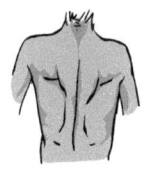

شا

....

hát

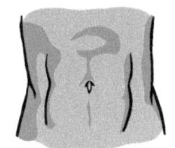

خیټه

....

has

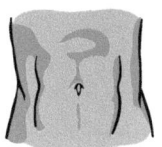

نوم

....

köldök

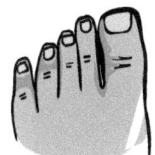

د پښې ګوته

....

lábujj

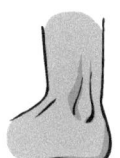

پونده

....

sarok

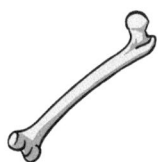

هډوکی

....

csont

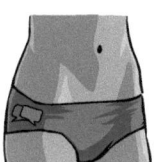

کوناټی

....

csípő

زنګون

....

térd

څنګل

....

könyök

پوزه

....

orr

لاندي برخه

....

fenék

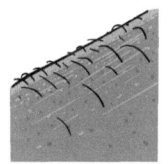

پوټکی

....

bőr

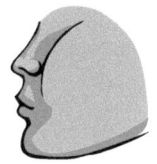

غومبوری

....

orca

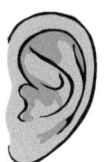

غوږ

....

fül

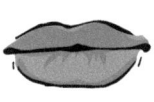

 شونډه

....

ajak

خوله
....
száj

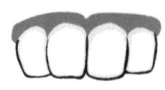

غاښ
....
fog

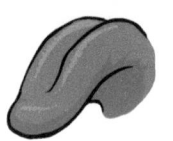

ژبه
....
nyelv

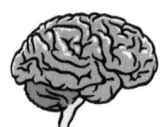

مغز
....
agy

زړه
....
szív

عضله
....
izom

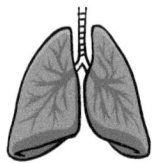

سږۍ
....
tüdő

ځيګر
....
máj

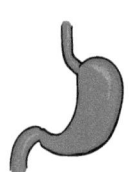

معده
....
gyomor

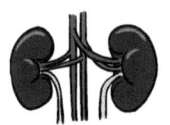

پښتورګي
....
vese

جنسي نزدي والی
....
szex

كاندوم
....
kondom

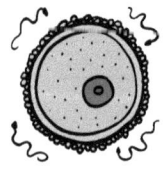

تخمه
....
petesejt

مني
....
sperma

حمل
....
terhesség

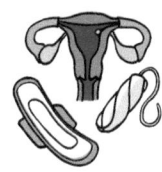

حیض
menstruáció

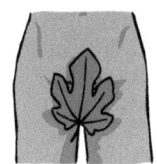

مهبل
vagina

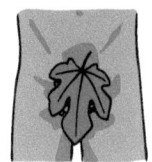

د نارینه تناسلي آله
pénisz

وروځی
szemöldök

ویښته
haj

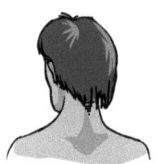

غاړه
nyak

روغتون
kórház

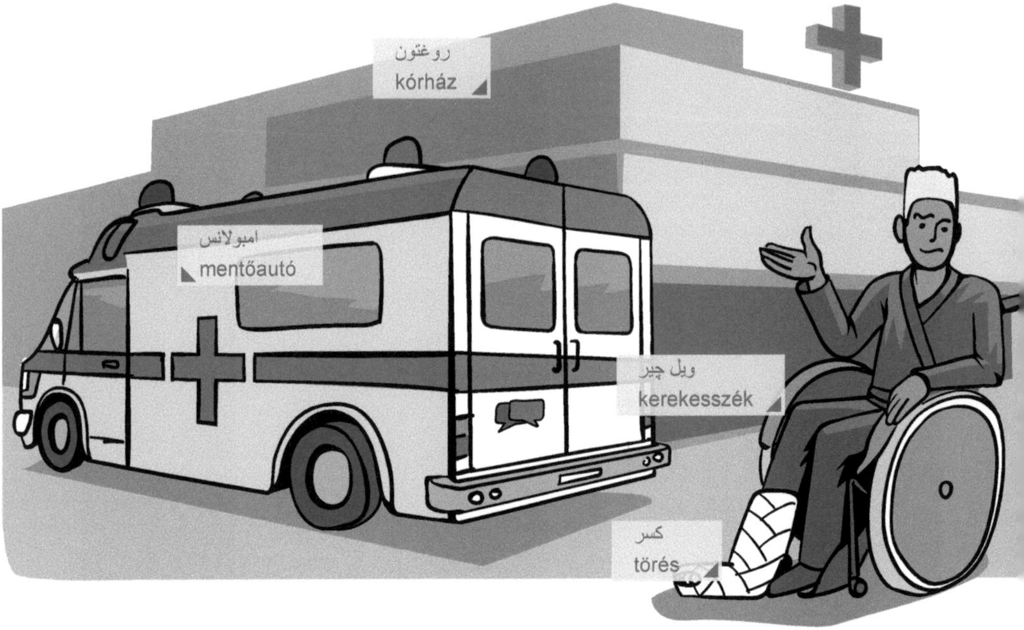

روغتون
kórház
امبولانس
mentőautó
ویل چیر
kerekesszék
کسر
törés

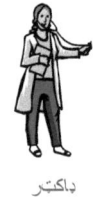

ډاکټر

orvos

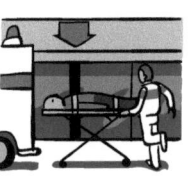

عاجل خونه

sürgősségi osztály

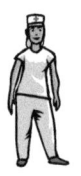

رنځورپال

ápoló

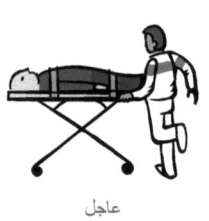

عاجل

vészhelyzet

بي هوش

eszméletlen

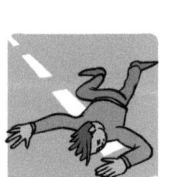

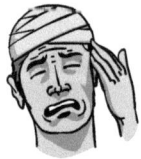

درد

fájdalom

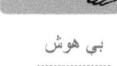

تپ

sérülés

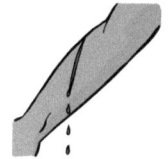

وینه تویدل

vérzés

د زره حمله

szívroham

ضرب

szélütés

حساسیت

allergia

ټوخی

köhögés

تبه

láz

انفلوینزا

influenza

نس ناستی

hasmenés

سر درد

fejfájás

سرطان

rák

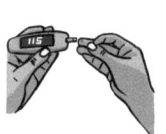

شکر

cukorbetegség

جراح

sebész

سکالپل

szike

عملیات

műtét

سی.تی

CT

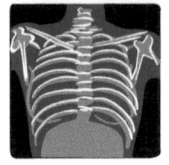

ایکس ری

röntgen

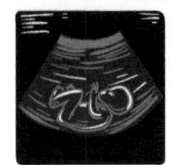

التراساوند

ultrahang

د مخ ماسک

arcmaszk

ناروغي

betegség

انتظار خونه

váróterem

امسآ

mankó

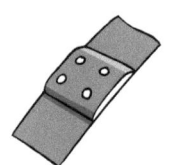

پلستر

sebtapasz

بنداژ

kötszer

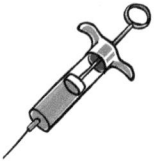

تزریق

injekció

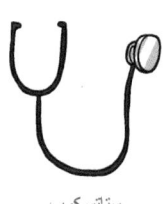

ستاتسکوپ

sztetoszkóp

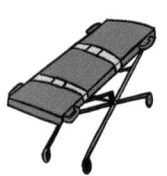

تسکیره

hordágy

کلینکي ترمامیتر

klinikai hőmérő

زیږون

születés

زیات وزن

túlsúly

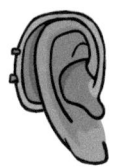

د اوريدو مرسته

hallókészülék

د عفونيت څخه پاكونكي مواد

fertőtlenítőszer

عفونيت

fertőzés

ويروس

vírus

ايچ.آی.وی/ايدز

HIV/AIDS

درمل

orvosság

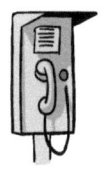

واكسين

oltás

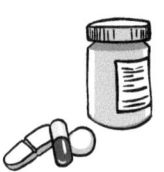

ټابليټس

tabletták

ګولۍ

tabletta

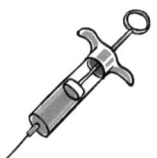

عاجل تلیفون

sürgősségi hívás

د وينې د فشار څارونكى

vérnyomásmérő

ناروغ/روغ

betegség / egészség

مرسته!

Segítség!

الارم

riasztás

يرغل

rajtaütés

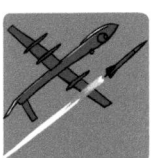

بريد

támadás

خطر

veszély

عاجل لاره

vészkijárat

اور!

tűz!

د اور وژونکی

tűzoltókészülék

پيښه

baleset

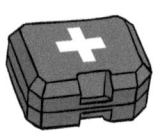

د لومړی مرستی لوازم

elsősegélycsomag

ايس.او.ايس

SOS

پوليس

rendőrség

اروپا

Európa

شمالي امریکا

Észak-Amerika

سهیلي امریکا

Dél-Amerika

افریقا

Afrika

آسیا

Ázsia

آسټریلیا

Ausztrália

اتلانتیک

Atlanti-óceán

پاسیفیک

Csendes-óceán

د هند بحر

Indiai-óceán

جنوبي منجمد بحر

Déli-óceán

د شمال قطب بحر

Jeges-tenger

شمالي قطب

Északi-sark

سهيلي قطب

Déli-sark

انتـاركتيكا

Antarktisz

خمکه

föld

خمکه

szárazföld

بحر

tenger

نتـاپو

sziget

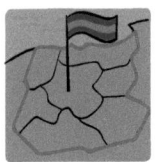

ملت

nemzet

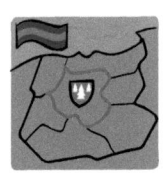

دولت

állam

د مخي ساعت
....
számlap

د ساعت ستنه
....
kismutató

د دقیقي ستنه
....
nagymutató

د ثانیی ستنه
....
másodpercmutató

څه وخت دی؟
....
Mennyi az idő?

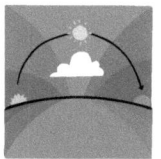

ورځ
....
nap

وخت
....
idő

اوس
....
most

ديجيټل ساعت
....
digitális óra

دقيقه
....
perc

ساعت
....
óra

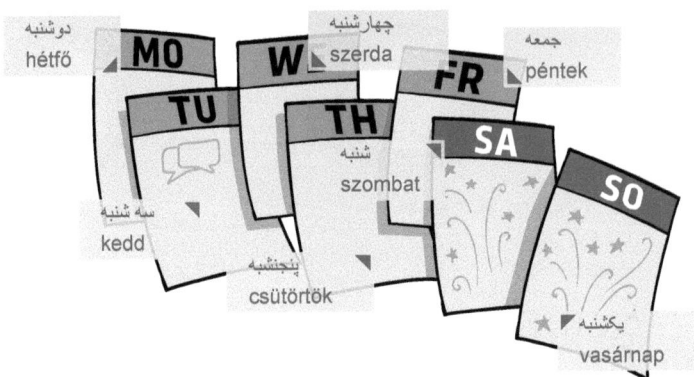

دوشنبه
hétfő

چهارشنبه
szerda

جمعه
péntek

سه شنبه
kedd

شنبه
szombat

پنجشنبه
csütörtök

یکشنبه
vasárnap

پرون
tegnap

نن
ma

سبا
holnap

سهار
reggel

غرمه
dél

ماښام
este

کاري ورځي
hétköznap

د اونۍ پای
hétvége

باران
eső

رنگین کمان
szivárvány

واوره
hó

پسرلی
tavasz

باد
szél

منی
ősz

اوری
nyár

ژمی
tél

4.APRIL	11°	☀
5.APRIL	4°	
6.APRIL	13°	
7.APRIL	8°	☀
8.APRIL	10°	☀

د موسم وړاندوینه

időjárás előrejelzés

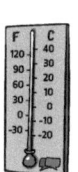

ترمومیټر

hőmérő

د لمر وړانګی

napsütés

وریځ

felhő

لره

köd

رطوبت

páratartalom

رپا

villámlás

تندر

mennydörgés

توفان

vihar

ژلی وريدل

jégeső

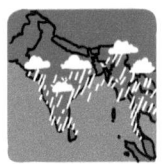

مون سون باران

monszun

سيلاب

áradás

يخ

jég

جنوري

január

فبروري

február

مارچ

március

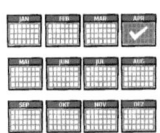

اپرېل

április

مى

május

جون

június

جولای

július

اګست

augusztus

سپتمبر
....
szeptember

اکتوبر
....
október

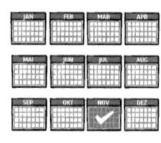

نومبر
....
november

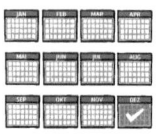

دسمبر
....
december

شکلونه

alakzatok

دايره
....
kör

مربع
....
négyzet

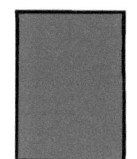

مستطيل
....
téglalap

مثلث
....
háromszög

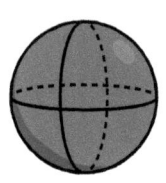

توپ
....
gömb

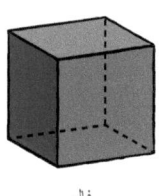

فال
....
kocka

سپین

fehér

ژیر

sárga

نارنجي

narancs

ګلابي

rózsaszín

سور

piros

ارغواني

lila

نیلي

kék

شین

zöld

نسواري

barna

خړ

szürke

تور

fekete

خورا ډېر/خورا لږ

sok / kevés

قار/ارام

mérges / nyugodt

ښکلی/بدشکله

szép / csúnya

پیل/پای

kezdet / vég

لوی/کوچنی

nagy / kicsi

روښانه/تیاره

világos / sötét

ورور/خور

fivér / nővér

پاک/ککر

tiszta / koszos

مکمل/نامکمل

teljes / nem teljes

ورځ/شپه

nappal / éjszaka

مر/ژوندی

halott / élő

پراخه/نری

széles / keskeny

د خوراک وړ/نه خوړل کیدونکی

ehető / nem ehető

بد/مهربان

gonosz / kedves

پاریدلی/بی خونده

izgatott / unott

چاق/وچ

kövér / vékony

لومړی/اوروستی

első / utolsó

ملګری/دښمن

barát / ellenség

ډک/تش

teli / üres

سخت/نرم

kemény / puha

دروند/سپک

nehéz / könnyű

لوږه/تنده

éhség / szomjúság

ناروغ/روغ

betegség / egészség

غیرقانوني/قانوني

illegális / legális

هوښیار/ساده

intelligens / buta

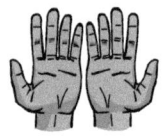

کین/ښی

bal / jobb

نزدې/لری

közel / távol

زوړ/نوی

új / használt

هیڅ/یو څه

semmi / valami

بوډا/ځوان

idős / fiatal

چالان/بند

be / ki

خلاص/تړلی

nyitva / zárva

غلی/لوړ غږ

csendes / hangos

بډایه/غریب

gazdag / szegény

صحیح/غلط

helyes / helytelen

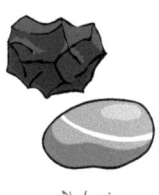

زبر/ملایم

érdes / sima

خفه/خوښ

szomorú / vidám

لنډ/اوږد

rövid / hosszú

سست/گرندی

lassú / gyors

لوند/وچ

nedves / száraz

گرم/یخ

meleg / hideg

جگړه/سوله

háború / béke

számok

0	1	2
صفر	يو	دوه
nulla	egy	kettő

3	4	5
درى	څلور	پنځه
három	négy	öt

6	7	8
شپږ	اوه	اته
hat	hét	nyolc

9	10	11
نهه	لس	يولس
kilenc	tíz	tizenegy

12
سۆلد

tizenkettő

13
سيارلد

tizenhárom

14
څوارلس

tizennégy

15
پنځلس

tizenöt

16
شپارس

tizenhat

17
وولس

tizenhét

18
اتلس

tizennyolc

19
نولس

tizenkilenc

20
شل

húsz

100
سل

száz

1.000
زر

ezer

1.000.000
ميليون

millió

nyelvek

انکلسي

angol

امريكايي انكلسي

amerikai angol

چينايي مندرين

mandarin kínai

هندي

hindi

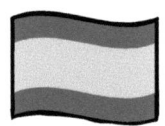

هسپانوي

spanyol

فرانسوي

francia

عربي

arab

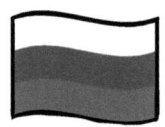

روسي

orosz

پرتګالي

portugál

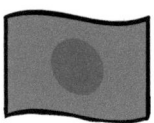

بنګالي

bengáli

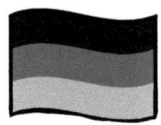

آلماني

német

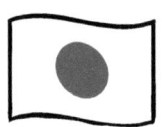

جاپاني

japán

زه
....
én

ته
....
te

♂ ♀ ○

هغه/دغه/دا
....
ő

موږ
....
mi

تاسي
....
ti

دوی/هغوی
....
ök

ثوک؟
....
ki?

څه؟
....
mi?

ثنگه؟
....
hogyan?

چیری؟
....
hol?

کله؟
....
mikor?

HELLO, I AM

نوم
....
név

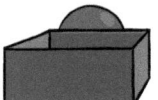

شاته
....
mögött

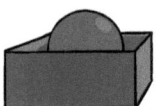

په
....
benne

په مخه کی
....
elötte

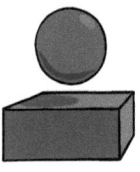

باندي
....
felette

په
....
rajta

لاندي
....
alatta

برسيره پر
....
mellett

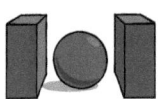

ترمينځ
....
között

ځای
....
hely